고목에 피는 꽃

오란자 제1시집

청옥

환
반석노인건강센터 방문을
진심으로 환영합니다.
영

경
8(토) 오후2시
후원 : 부산문인협회

원각사 가을 시 낭송회
詩
• 일시 2014년 10월 4일 토요일 오후4시

단비

추천사

나무그늘 아래서

우리가 문학을 한다는 것은 한 그루의 나무가 되기 위함이다.

나무는 누구에게 도움을 주기 위해서가 아니라 자신의 허기진 욕구를 채우기 위해 매일 새벽 동트기 전부터 수많은 가지를 만들고 이파리를 만든다. 하지만 그런 일련의 행위들이 주변을 풍성하게 하리라는 것을 나무는 꿈에도 모른다. 이파리가 풍성해진 가지에는 새들이 날아와 둥지를 틀고 커다란 그늘에는 사람들이 찾아와 더위에 지친 심신을 달랜다. 새와 곤충들, 그리고 인간들까지 나무에서 먹이를 얻어내고 풍요를 누린다. 나무는 누구를 위해서 가지를 내지는 않았지만 그가 일궈온 삶의 바탕이 주변을 풍요롭게 만드는 것이다.

우리는 글을 쓴다. 쓰고 싶어 쓰든, 명예를 위해 쓰든, 돈을 벌기 위해 쓰든, 글을 쓰는 일을 천직처럼 여기며 사는 소위 말하는 문학인이다 그 써놓은 글들이 누군가에게 삶의 위로가 되고 진로를 밝혀주는 이정표가 될 것이며 자신에게는 마음 뿌듯한 자존감을 안겨주기도 한다. 결과야 어떻든 우리는 글을 쓰고, 쓰다 보니 자신은 생각지 못한 일들이 주변을 풍요롭게 만드는 것이다 그것이 나무의 살아가는 모습과 무엇이 다르랴.

내가 오늘 만나는 시인은 칠십이 넘어 늦깎이 등단을 한 여류작가이다 건강을 위해 했던 운동들이 건강을 돌보았고 취미삼아 한 일들이 나눔을 실천하는 재능기부까지 하고 있다. 작가는 글을 쓰는 사람이다. 최상의 글이던 최하위의 글이던 써야만 하는 것이 작가의 책무이다. 그 사람의 글을 읽어주고 격려해 주는 것이 독자의 책무라 생각한다면 우리 문단의 앞날은 매우 밝으리라 생각한다.

여기, 등단 후 첫 시집을 상재하는 오란자 시인을 나무로 본다면 생의 평지풍파를 겪어왔으며 그 모두를 초월해 가는 고목 같은 분이다. 한 편 한 편의 작품을 읽어보면 유년의 기억에서 현재에 이르는 삶의 과정들이 파노라마처럼 전개된다. 고되고 고통스런 과정들을 꿋꿋이 이겨내고 빛을 향해 걸어가는 모습이 보여서 감히 독자들께 추천의 소견을 남긴다.

청옥문학 예술인협회 시분과 위원장 정광일

시집을 내며

펜을 들기가 두려울 정도로 부끄럽지만 용기 내어 시집을 엮어봅니다.

시인이란 말이 쑥스러워 등단했다는 말도 제대로 하지를 못했습니다.

행여 선배 시인들께 누가 될까봐 부지런히 시 창작수업도 받고 있지만 늘 부끄러움은 제 몫으로 돌아옵니다.

막내로 태어나 어려움 없이 부모님 사랑 안에 귀염둥이로 자랐습니다.

24살 때 결혼하여 새로운 환경에 적응하는 틈틈이 친정어머니를 그리워하며 남몰래 일기 쓰기로 마음을 달래던 것이 동기가 되어 지금까지 펜과 친구가 된 것 같습니다.

등단을 했지만 지금껏 변변한 시詩 한 편 없어 미루기를 수차례, 하지만 자녀들에게 엄마의 삶을 시집詩集으로 남기고 싶다는 생각이 들 때면 걷잡을 수 없는 망설임으로 고뇌하던 중 청옥예술인협회 정광일 시분과 위원장님의 적

극적인 추천에 힘입어 졸작이지만 망설임을 접고 출판을 하기에 이르렀습니다.

詩 답지 못한 시편들에 실망이 크시더라도 너그러운 마음으로 사랑주시고 격려의 꾸지람 주시면 고맙겠습니다.

- 안나 오란자

차례

1부 봄

2부 여름

3부 가을

4부 겨울

5부 그리고 봄

동화 · 동시

산문방

1부 봄

기다렸던 봄 햇살 꽃대에 닿을 때
지난 고통은 꽃으로 찾아오니
지나는 이 발걸음 멈추던 그 꽃
그 얼마나 아름답고 고귀하던가!

민들레

화무십일홍이라던가!
지난날 곱디고운 자태
세찬 바람 불어와 힘없이 흩어졌었네

앙상한 줄기
홀로 남은 몸
오가는 이에게 짓밟히고
상처투성이인 채 비바람에 시달렸어도
꿈 하나 간직하며 고통을 참을 수 있었다

기다렸던 봄 햇살 꽃대에 닿을 때
지난 고통은 꽃으로 찾아오니
지나는 이 발걸음 멈추던 그 꽃
그 얼마나 아름답고 고귀하던가!

새싹 파릇한 아름다운 봄
다시 주어진 삶이라서 한 치도 소홀할 수 없네
영원한 행복을 위해 오늘도 최선을 다하는 민들레

봄맞이 1

앙상한 줄기만 남아있는
뒷산 등산로 찔레 넝쿨
겨우내 움츠리며
봄이 오면 꽃을 피우리라는 희망을 버리지 않았기에
봄 햇살 나타나 문을 두드리자
배시시 눈을 뜨고 기지개 펴며
긴긴 겨울잠에서 깨어난다

스스로는 어찌할 수 없던 암울한 동토에서
이루지 못하고 미뤄뒀던 예쁜 꿈
가슴을 활짝 열어 꽃을 피운다

봄 향기,
어느새 내 마음은 행복으로 가득하다

봄맞이 2

움츠리던 버들개지 파릇파릇 기지개 펴니
개나리 영산홍 모두 신바람 났고
봄비 한 모금 마신 논밭 두렁엔
달래 냉이 고개 내밀어
이곳저곳 두리번거리며 세상 구경 바쁘다

홍매화 봉오리 터지는 소리에
잠자던 개구리, 풀벌레들도
봄맞이하느라 분주한 날

새벽부터 소리 없이
종일 내리는 비
새색시 발걸음처럼 조심스럽다

안갯속

진녹색 사이에 수줍게 피어
자태를 뽐내던 하얀 불두화

밤새 내리는 봄비로 몸살을 앓고
새벽에 배시시 눈을 떠 보았지만
어이하랴,
화려했던 자신의 모습은
안갯속으로 사라지고 없다

몸부림치며 가슴 태우면 뭐하랴
희망을 잃지 않고 정진해 왔으니
안개는 떠나고 기쁨만 남는다

오~오
찬란히 떠오르는 태양이여!

개나리의 꿈

달맞이 울타리에 둘러싸인 개나리
봄이면 꽃을 피우리라는 꿈을 안고
온갖 쓰레기와 던지는 빈 깡통 맞으며
고통을 참고 묵묵히 기다려 왔다

오직 꽃을 피우리라는 희망
가슴에 담은 채 기다리는 봄은 오고
촉촉한 봄비가 내리던 아침
힘겨웠던 모든 짐을 내려놓는다

깡마른 가지마다 파릇한 이파리
꽃망울이 눈을 뜨며 꿈을 이루었다는 듯
노란 개나리의 활짝 핀 눈웃음들

삶의 꽃

한겨울,
땅속 깊이 숨어있던 씨앗
숨 막히는 고통 참아가는 애처로운 삶

내려 보던 해님
방긋 웃으며 잡아주는 따스한 손길

서서히 고개 들고
세상 구경하며 모든 고통 잊어버린
희망찬 가슴

울긋불긋,
어깨 펴고 활짝 웃음 지으며
행복해 하는 너

그대를 만나

사랑을 한다는 것은
행복과 고통도 함께 알아가는 일
때론 미움과 그리움에
몸부림치며 하얀 밤 지새우기도 했지만
그것도 사랑의 한 과정이라 생각했는데

운명의 장난처럼
헤어짐이 우리의 몫이 되었네

괴로움으로 쓰러질 듯
허전해 하던 마음도
이제는 모두가 부질없는 짓
사랑이 남긴 상처, 지난 일들이겠거니
가슴 깊이 묻어 두고 살 수밖에

한 걸음 한 걸음 오직 갈 길은 하나
현실이 아닌
꿈에서라도 행복을 꿈꾸며
용서와 이해로 남은 여정을 나란히 마치는 것

보고픈 사람

사랑을 처음 느꼈던 사람과
손잡고 멀리 여행하던 날이 있었지
눈보라치는 가로등 불빛아래
당신 입김에 언 손 녹이며
따뜻한 체온을 함께 느끼던 그날

난 너무 행복 했었지
지금은 어디에 무엇 하고 있을까
영영 돌아올 수 없는 그 사람

푸르던 갈대도
집 찾아간 지 오래고
풋풋한 그 시절도
여행 떠난 지 오랜 지금
문득 가슴을 두드리는 소리

보고 싶다…

안개 자욱한 새벽

부슬비 내리는 숲속 산책로
토닥토닥 슬픔을 동반하는 빗방울 소리
아무도 찾아오지 않는 숲속의 터널

하모니카 멜로디에 장단 맞춰
귀뚜라미도, 개구리도, 끼루기 참새까지도
움츠리던 어깨 펴며 노래하고 춤춘다

외로움에 숨죽이던 너

하늘을 보라
먹구름 사라지고
밝은 빛이 찾아오지 않니

새벽 고요한 시간

달그락달그락,
고요한 이 새벽 무슨 소릴까
창밖을 내다보니
신문 배달, 우유 배달 아줌마

남들 다 자는 시간에
자녀들 행복을 위해 희망을 설계하며
밝고 씩씩한 모습으로
언제나 변함없는 달그락 6시

힘든 새벽길 마다 않고 열심히 사는
배달의 새벽길
달그락 6시

기다림

한들한들 부는 바람
청산으로 가고

강물은 흘러, 흘러
천리만리 길 떠나네

기다리는 우리 임 어디쯤일까
행복 싣고 희망 싣고
무얼 타고 오실까

바람 타고 오실까
강물 따라 오실까
오늘도 기다리는 맘 막연하기만 하네

신묘년

귀여운 토끼 한 마리 어디로 갈까

토끼장의 답답함을 견디지 못해
문을 박차고 넓고 푸른 들판 향해
마음껏 뛰어 간다

다람쥐 쪼르르 달려와 냠냠 쩝쩝
노래하고 춤추며 시원한 가슴
산새 만나 노래도 부르고
작은 짐승 친구 하자 하네

이리 뛰고 저리 뛰고 야~호 신 난다
이제부터 자유는 내 것이다
토끼장 안에서 광대놀이나 하고
온종일 외롭고 힘들었던 지난일 모두 잊고
이제는 자신만 생각하는
야~호 자유는 내 것이다

행복한 세상

깊은 산속
바위틈으로 흐르는 작은 물줄기들이
우연히 만나 졸졸졸 속삭이며
정답게 강을 향해 흐르고 있네

다가올 위험쯤은 감수하자고
미래의 고통 따위는 당연히 각오하자고
오직 저 길고 긴 여행에서
반겨올 벗들만 생각하자고
미래에 대한 걱정은 모두 잊자고
그렇게 행복한 세상만 생각하자고

물은 속삭이며 흐르네
웃음소리 가득히 흐르네

임이시여

사랑하는 임이시여
간절히 보고 싶습니다

다시 만날 그날이 언제인가
바쁜 걸음 재촉하며 다가가고 있습니다

포근히 감싸주던
임의 따뜻한 손길 애타게 그립습니다

임 없는 텅 빈 곳에 홀로 떨고 있습니다
임 그리워 내미는 손 마다하지 마십시오

잘못도 용서해 주시며 감싸주던 임이시여
다시 만날 그날을 기다리고 있겠습니다.

사랑과 미움

미움도 사랑인가
사랑했기에 원망도 하는가 보다

텅 빈 가슴
한 구석 자리한 쓰리고 아픈 상처
지우개로 박박 지우려 해도
지워지지 않는 못 잊을 사랑

가던 길 멈춰질까 두려워
그 임과 나란히 걷고 싶다
상처만 남기고 외면한 사람

오~오
다시 만날 그날이 언제인가
막연히 기다려진다.

천성문인협회
2018년 6월 7일
6 월 례 회

2부 여름

내일 아침이면 밝은 태양이 반겨줄 테니

꿈꾸는 이여, 꿈꾸는 이여!

괴롭고 힘들어도 이겨 냈으면 좋겠네

본상 : 이용철,
2017. 12. 23(토)오후6시 부산일보 10층 대강당
후원 : 한국문인협회, 부산문인협회, 새부산시인협회, 부산불교문인협회
祝 청옥문학협회 문학상

여름 바다를 보면서

외로울 땐
넓은 바다로 여행을 하고 싶다

고독을 싣고 밀려오는 파도 소리
가슴팍을 찾아 들 때면
출렁이는 물결 따라 흔들리는 정조

모든 체면 다 내려놓고
한 올의 실오라기조차 허용하지 않는
출렁이는 바닷가를 거닐며

기타도 퉁기고
사랑 노래도 부르면서
내 사랑 그대 찾아 여행하고 싶다

그런 사랑 하지 않으리

슬픔을 남겨놓은 채
임은 떠나셨고
타오르던 불길 사랑도
꺼지면 재뿐인 가슴이라지만

오순도순 손 맞잡고
목련화처럼
맑고 순수한 사랑 나누고 싶은데
그런 사랑이 날 찾아 다가왔으면 싶은데

가슴앓이하며 흐느끼는
고독이 사랑이라면
이젠 그런 사랑 하지 않으리.

볼품없는 나무의 행복

깊은 산속 조용한 곳
지저귀는 새소리.
졸졸졸 흐르는 계곡의 물소리

초록색 나뭇잎 우거져
싱싱하게 우뚝 서있어
서로의 자태를 자랑하는 듯

뽐내며 자신감 넘치는 모습들
그중 안타깝게 시들어가는 홀로 서있는 나무
낯설지 않은 그 모습이 보기 애처롭구나

때마침 지저귀는 새들이 많은 나무를 거쳐
볼품없이 시들어진 나뭇가지에 앉아
쫑알쫑알, 짹짹짹 노랫소리 즐겁구나

얼마나 행복할까 저 나무는 …….

해바라기

갑작스런 비바람에
피할 수 없는 몸부림

말 못 할 사연이 뭐 그리도 많은지
처연히 고개 숙인 너

인고의 세월
동화 속 주인공처럼
고개 내밀어 속삭이네
오직 한 가닥 꿈을 위하여 살리라고

포기 않고 꿈꾸는 이는
언젠가 그 꿈을 이룰 거라는
믿음 하나 안고

고독한 외출

몸과 마음이 지칠 대로 지친 힘겨운 여인이
실오라기 같은 희망 하나 잡으려
분단장 곱게 하고 고운 옷 차려입었다

애처로이 휘청거리는 발걸음
어디로 가고 있는지
비틀비틀, 어둠을 헤쳐 가는 여인

내일 아침이면 밝은 태양이 반겨줄 테니
꿈꾸는 이여, 꿈꾸는 이여!
괴롭고 힘들어도 이겨 냈으면 좋겠네

이별은 싫어

은빛 바나 물결
눈부시게 청명한 하늘
한 쌍의 원앙새

나뭇가지에 앉아
종알종알 속삭이며
헤어지지 말자 약속이나 하는 듯
입 맞추며 행복해 하는데

맑은 하늘에 먹구름 덮여도
잔잔한 바다 위 폭풍이 몰아쳐도
잡은 손 놓지 말고 영원히 함께하자던

우리는 왜 손을 놓아야 했는가

사라진 구름

살갗을 에듯
달려드는 칼바람

몸과 마음을
돌돌 묶어놓는다

사랑의 위력으로
꽁꽁 얼어있는 가슴을 녹여볼까

어두운 가슴 속 구름 한 점
사랑의 불길에 녹아 사라지고 없다

천둥

화가 많이 났구나

거무튀튀한 하늘이
소리 높여 울분 터트리고
두발 쾅쾅 굴리며 통곡을 한다

주르륵 눈물 쏟아 낸다
무엇 때문에
누구 때문에

말 못 할 사연이 뭐니
이젠 웃어 보렴
해님이 손 내밀어 달랜다

비 오는 날

개구리 소리,
임의 목소리처럼
잔잔한 가슴을 두드리며 적막을 깨트리던 날

주룩주룩 쏟아지는 빗속
임과 함께 거닐던 추억에 잠긴다

창을 타고 흘러내리는 빗방울이
빗속에 우산 쓰고 다가오는 임의 모습처럼
외로운 가슴에 머물다 가고

보고픔 주체할 수 없어
달려 나간 가슴이
빗속에 허무하게 주저 앉는다.

되돌아 온 등산로

가파른 등산로
손잡아 당겨주던 임
험한 산길 나 홀로 어이가라고
임 모습 보이지 않네

사계를 번갈아가며 나눴던 대화들
가던 길 멈추고 뒤돌아보니
보일 듯 들릴 듯 손짓하는 임의 목소리

기뻐 달려가니 그림자일 뿐
그 자리 주저앉아 외로움 달래며
무거운 발걸음 뚜벅뚜벅 돌아선다.

엄마의 자장가 소리

이리저리 뒤척뒤척
잠 못 이룰 때
엄마의 자장가 소리
내 귓전에 맴도는 구나

엄마의 자장가 소리
한 번만 더 들었으면

앞뜰에 귀뚜라미 소리
개울에 개구리 소리
다 들어도, 다 들어도
엄마의 자장가 소리가 제일 좋아

꿈에라도 좋으니
한 번만 더 들었으면
한 번만 더 들었으면
엄마의 자장가 소리

가을을 향하여

한여름
메마른 땅에 바람이 불어와
꽃씨를 품은 흙먼지 살판났다

펄펄 끓는 듯한
아스팔트 틈을 비집고
심어놓은 꽃씨

짓밟혀도 아프다 소리도 못하고
꽃을 피우겠다며
묵묵히 지켜내는 고귀한 정신

힘들다, 무거운 짐 벗어버리지 말며
어렵다, 하던 일 포기하지 말자고
민들레의 가녀린 꿈 푸르게, 푸르게 자란다

3부 가을

고이 간직한 내 사랑

한밤 꼬박, 당신이 다시 만나질까

아침이 부르는 소리도 외면한 채

눈을 감아 봅니다

학 제2호
학예술인회, 홍빛 시 동행, 불교문학신문
시민문학협회, 부산문인협회, 부산시인협회, 부산불교

젖어드는 그리움

당신 그리다 눈을 감으면
어느새 곁에 다가와
내 볼 어루만져주십니다

부드러운 손길 잡으려 하니
살며시 밀어내는 이유는 뭔지요
아쉽고 속상해 눈 떠보니
당신은 그림자일 뿐입니다

고이 간직한 내 사랑
한밤 꼬박, 당신이 다시 만나질까
아침이 부르는 소리도 외면한 채
눈을 감아 봅니다

그렇게라도 만나보고 싶은 임아
공허한 마음 달래며
그날이 다시 오면 당신께 바치오리다
내 이 외로움을, 그리움을

가을바람

청명한 가을 하늘
답답한 가슴 활짝 열어주는
들꽃 향기 만발한
아름다운 시골길

이 아름다운 길에서
가슴 움켜잡고
서러움 견디지 못해
나는 바보처럼 눈물만 흘리네

말없이 떠나는 바람아
임 계신 곳 알려주기 싫거든
내 서늘한 가슴에
외로움도 함께 실어가려무나.

화장을 하면서

무거운 짐 다 내려놓고
잠시 그림이나 그려 보려하니

어찌하랴
화판이 일그러져
이것저것 고운 색 그려보아도
그림이 그려지질 않네

왜? 누가
가로 세로 마구 구겨 놓았나
세월이란 놈이 심술을 부렸나보다

거울아
곱던 옛 얼굴 한 번만 보여 주렴

사라져가는 얼굴

당신과 함께할 때 나는 행복했었지
당신을 사랑할 땐 화안한
함박꽃 같은 얼굴이었어

언제부터인가
당신의 따뜻한 손길이 멀어져만 갔지

언제 어디서나 버팀목이 되어주던
사랑하는 당신이 보이질 않네
잘못도 사랑으로 감싸 주던 당신

지금은 어디에서 무엇을 하고 있을까
보고 싶어도 볼 수 없는
점점 멀어져가는 얼굴

친구

언제 어디서나
품격을 갖춘 세련미로 넘치던
애타게 보고 싶던 친구

연락 단절된 지 수십 년
어느 날 다시 돌아온 친구 소식
달려가 만나보니
곱던 얼굴 주름살 가득해 가슴을 울린다

얼굴은 변하여도 우정은 그대로인데
남편을 떠나보낸 세월속의 변화를 어이하랴
언젠가 우리도 그길 따라가야 하는 것을

속마음 오고 가며 수다 떨 수 있는 영원한 친구여
계절이 변하고 세월이 변해도
우리의 우정은 변치 말고 건강하게 함께 걸어가자

고귀한 어머니 사랑

계속되는 폭설,
외출 못 해 집안에서 빙빙
어머니의 사랑이 그립다

발이 동동 손이 꽁꽁
학교 갔다 돌아오면
두 손 꼭 잡고 호호 입김으로 녹여 주시던
어머니의 깊으신 사랑

밤에 콜록콜록 기침소리 들리면
호롱불 밑 바느질 하시던 일손 멈추시고
밤 지새우며 따뜻한 물 먹여주시고
이마에 물수건 얹어 주시던
어머니의 깊으신 사랑
먹을 것도 입을 것도 자식에게 양보하고
오직 자식 잘되라고 장독 옆 정한 수 떠놓고
두 손 모아 빌고 또 비시던
어머니의 그 거룩한 모습

지금은 하늘나라에서 편히 쉬고 계시나요
간절히 보고 싶습니다.
어머니!

그리움 1

임 그리워 밤하늘 바라보니
반짝이는 별빛 속에 그대가 손짓하기에
달려가
넓은 그 가슴에 안기고 싶은데
별도 달도 시샘을 하는지
하늘은 깜깜한 어둠의 세계일 뿐이다

적막한 어둠 속
팔을 휘저으며
귓전을 파고드는
풀벌레들의 슬픈 노래를 들으며
눈꺼풀이 시키는 대로 꿈길이나 걸어볼까

꿈에서라도, 꿈길에서라도
내 슬픔을 다독이며 찾아오는
임의 숨결 느껴지려나?

간절한 바람으로 꿈의 문을 두드려도
열리지 않는 만남의 문
임을 향한 길 멀기만 하다

그리움 2

계절이 바뀌는 탓일까
낙엽이 속삭일 땐 임 생각난다

기다려도 영원히 돌아오지 않을 사람
다시 만날 수 없어
잊어야지 하지만 바보처럼 흐르는 눈물

별빛 쏟아지는 호숫가에
비춰진 그대 모습 찾으려 해도
이제 그림자도 찾아 볼 수 없네

만날 수 없는 임
가까운 꿈속에서도
점점 멀어져가는 임이시여!

그리움 3

가을이면 누군가 그리워진다
우거진 초록색 뒤덮인 오솔길
어느새 낙엽 되어 하나둘씩
갈 길을 찾듯 힘없이 바스락 속삭인다

그리운 임 행여 오시려나
고갯짓 기우리며 기다리는 애련한 마음
서산 넘어 가는 저녁노을
붉으스레 미안한 듯 손짓한다

적막을 뒤흔드는 소쩍새 우는 소리
소쩍소쩍 슬픔 동반하며
오늘도 그리운 임 기다리는 소리

어머니의 사랑은 영원한 것

눈살 찌푸리며 호롱불 밑에
바느질하시던 어머니
무릎 베고 사르르 잠이 올 때면
어머니의 음성 가야금 소리처럼 들려왔었지

막내야 어서 자거라
이다음 엄마가 없더라도
울지도 말고, 괴로워하지도 말아라
네 곁은 내가 지켜 주리라

그 말씀 지금도 생생하여
어려울 때마다 어머니와 동반하며
평생을 살아왔네!

나를 돌아보니
어쩌누, 내 나이 칠십인데
내 자식이 어른이 되었는데
그래도 어머니의 사랑이 그리운 걸 어떡해!

허전한 생일

지난해 생일
온 가족 모여 기쁜 축하 노래 부르며
호호 하하 웃음소리 창밖을 넘었지
우리 부부 언제나 같은 날 축하 파티를 하였었지
이제부턴 임과 생일도 각각 챙겨야하네

사랑하는 아들딸이 차려준 생일상
내 옆자리 앉아야 할
텅 빈 가슴에 자리 잡은 임
사라지고 없는 지금
맛있는 음식 앞에서도 마음은 즐겁지 않았네

늘 챙겨주던 생일 케이크 촛농만 떨구고 있네.

외로운 들국화

넓고 넓은 들판에
홀로 피어있는 외로운 들국화
밟히고 또 짓이겨지며
아파하는 모습으로 지낼까 두려워진다

오늘도
자신의 모습을 보고 향내를 맡으며
반겨줄 임 올까 막연히 기다리는 들국화
기다리는 임은 오지 않고
모진 비바람 속 춥다고 움츠린다.

내게도 햇살은 사라지고
먹구름 덮인 캄캄한 밤이 오니
싫어, 싫어 정말 밤이 싫어
나를 반겨 주는 이 없고
잎 마르고 꽃잎 떨어져
앙상한 줄기만 남으려나 보다

초가을

우거진 초록색
하나둘씩
붉게 물들어가는 오솔길

가을바람 까칠하게
살갗을 유린하는데

행여 그리운 임 바람 타고 오시려나
숲속 길을 막연히 바라본다

바스락 바스락

그리운 임 발소릴까
적막한 숲속
외로움 달래주는 소리…….

떠난 임 그리워

나 싫어 떠난 임
뭐가 그리도 그리워
먼 산마루에 걸리는
저녁 하늘 바라보며
임 오시려나?
사색에 잠긴다

서산에 거닐던 해 꼬리 감추고
텅 빈 방엔 얼어붙은 이내 마음
공허한 기다림만 방 안에 가득하네

홀로 남겨두고 떠나신 임
잃어버린 흔적 찾아 뭉게구름 바라보네
저 구름 가는 곳에 내 임도 있으려나?

내가 그리워하는 만큼
내 임도 날 그리워하며
기다리고 있으려나.

고개 숙인 큰 나무

잘난 자태를 뽐내며
우뚝 서있는 큰 나무

주인이 길어다 주는 물을 먹고
방글 방글 행복해 하는
작은 꽃나무를 바라보며 비웃는 삶이더니
가뭄이 극에 달했을 때
목말라 애타하며 하늘만 쳐다보는
비굴한 모습을 보이더라

밤새 내리는 빗물을 마시고
고개 숙여 작은 나무 바라보다가
세상을 고루 보지 못한 자신의 어리석음을 탓하며
한들한들 미안한 손짓을 보낸다.

가을

울긋불긋 황홀한 무대 위에서
새는 노래한다

황금색 들판에서
만나는 모든 이들에게 고개 숙여 인사하는
속이 꽉 찬 그들의 겸손한 자세를 노래한다

보라!
잘나지도 못 했으면서 잘난 척하는 못난이들
고개 쳐들고 알량한 권력 휘두르지 말고
누구의 발길에 차일 것인가 그것을 염려하라
저 너른 들판 고개 숙인 그들의 겸손을 배워라

가을이란 결실이 있어 좋지만
자연에게 배움이 있어 더 좋다
내 삶 중에 책 읽는 시간이 많아서 좋다

신불산 억새풀 평원

추석 다음 가족과 신불산 휴양림 1박 2일 여행을 다녀왔다
젊어서의 여행과 나이 들어 자녀 손자들과 여행
또 다른 느낌이었다
낙엽이 떨어지는 모습
아름다웠던 내 젊음의 시절을 보는 듯
낙엽을 보며 잠시 발걸음을 멈추게 한다

하룻밤 지나보니 생각과 보는 눈이 달라졌다
졸졸 흐르는 유리알 같은 맑은 물
여기저기 지저귀는 새소리
초록 끝에 붉은 띠를 둘러놓은 듯
아름다운 모습에 영원히 묻히고 싶다

꼬불꼬불
정상 차도로 올라가 억새풀 평원에 도착해 보니
답답한 가슴 활짝 열리고
마음은 세상을 다 얻은 듯 행복했다

젊은 사람들은 차를 주차하고 정상을 향하는데
바라만 볼 뿐 올라가지 못하는 아쉬움이지만
다시 한 번 가고 싶은 억새풀 평원
다음을 약속하며 아쉽게 돌아선 그날

해인사 입구

해인사 입구
유리알처럼 맑은 계곡
살랑살랑
사랑 실은 낙엽 한 장
그 임에게 전해주러 가나보다

해인사 입구
시냇물 노래하는 곳
속닥속닥 물고기도 얘기 나누는 곳

낙엽 속 숨어있던 도토리
낯선 발소리에 놀라 도망가고
볼 주머니에 잽싸게 주어 담는
다람쥐의 눈방울이 유독 빛나는 해인사 입구

은행잎 뒤덮인 황금 길
속세의 힘겨운 삶이 발걸음 재촉 하다
은행잎 위에서 미끄러지네.

4부 겨울

나무가 햇살아래 꿈꾸던

시간 속의 그 길

임과 함께 아름다이 거닐었었지만

지금 내 곁은 텅 빈자리

고목

아름다운 시절은 갔는가?
계절마다 책갈피에 꽂아둔 예쁜 추억

일기장 하나 둘 떼어낸
시린 바람 속 볼품없는 나목

언제나 아름다운 나의 버팀목
입마저 얼어붙어 사랑한단 말도 못 하네

내일을 기약하자 해놓고
내일을 사랑하자 해놓고

인정 많은 담배 가게 아줌마

이런 저런 뉴스. 가슴 놀라게 하는 사건들
가까운 사람임에 믿었던 사이
어머나. 저럴 수가!

누구하나 믿지 못할 험난한 세상이지만
우리 동네 사랑방 담배 가게 아줌마
인정 많고 늘 웃음 짓는 온화한 마음씨
임의 말씀 실천하려 노력하는 고운 마음

끝없는 가사일 잠시 틈나면
담배 가게 사랑방 찾아드는 이들
연탄 방 이불 속 발 부딪치며
이런저런 삶의 이야기 나누네

오늘도 있는 거, 없는 거 다 내놓으며
맛있는 음식 대접하는 담베 가게 아줌마
괴로움 하소연 다 들어주며
가난한 마음 온정으로 채워주네

박복한 세상 탓하지 마오
이런 따뜻한 이웃도 있기에
세월은 멈춤 없이 흘러가나 봅니다

당신의 이름은 나무

나는 나무 그늘 밑에서
평생 바라보며 살았느니

봄이면
파란 잎이 돋아나 희망을 갖게 하고
여름이면
그늘 아래 편히 쉴 수 있게 하였죠
가을이면
아름다운 단풍으로
내 마음을 황홀하게 물들여 놓고
겨울이면
나뭇가지 위에 소복이 쌓인 눈꽃이
어둡고 깜깜한 내 마음에 화안한 등불이 되었지요.

당신이라는 나무
그 그늘이 지금도 잊히지 않는데…….

잊으리라

그리움이 꽃처럼 피어오르는 창가에 서서
추억의 책장을 넘긴다

슬픔, 기쁨, 행복했던 순간들
서쪽 하늘 바라보며
이름 모를 별 하나, 둘
빈 가슴에 담아본다

흐르는 강물처럼 별빛조차
내 곁을 떠난 지 오랜데
지난 사연 아직도 못 잊어 허우적이네

그렇게 아파한들 뭐하나
내일의 태양 아름다이 안기 위해
나 오늘은 추억의 칠판을 닦는다.

어느 겨울

울긋불긋
아름다움을 과시하던 단풍나무
초라한 모습으로 슬퍼하던 그 겨울
밤새 하늘은 솜털 같은 옷 한 벌 입혀주었지

나무가 햇살 아래 꿈꾸던
시간 속의 그 길
임과 함께 아름다이 거닐었었지만
지금 내 곁은 텅 빈자리

앙상한 나뭇가지 위에
소복이 쌓인 설경을 바라보며
추억마저 비워져 버린 공백을
커피 한 잔의 따뜻함으로 메운다

기다림

손짓하며 오시겠지
그리운 임

강물 소리 임의 노래인 듯
흐르는 물 따라 강가를 맴돈다

갈대숲이 바스락 바스락
임의 발소리인가

지쳐 쓰러질 듯한
기다리는 마음

새벽바람에 에워싸인 살결
움츠리는 외로움

후회

고즈넉한 가을밤
달빛이 창문을 두드린다

오늘따라 유난히 밝은 보름 달빛
한참 동안 쳐다보니
고향 생각 엄마 생각

달에게 말하노라
울 엄마 계신 곳 알거들랑
막내딸 잘 있다고 말 좀 해다오
살아생전 그토록 딸이 보고파
마루 끝에 앉으시어 저 달보고
눈물 지으셨다던 울 엄마
세상 하직하시던 날
우리 막내딸 왔느냐
힘없이 물어 보셨다는데

떠나실 때 하직인사 못 한 불효여식
가슴 아파 후회하며
오늘도 눈물이 엄마 찾아간다

잊고 싶은 사람

못 견디게 보고 싶은 사랑했던 사람
오늘따라 몸부림치게 보고 싶은 건 왜일까
그리움, 서러움, 배신감까지
밀물처럼 밀려와 가슴을 친다

왤까?
왜였을까?
오가는 정 깊고 깊건만
그마저 뿌리친 이유란

굳어진 큰 바위도 돌부처가 된 세월
괴로움에 사로잡힌 영혼
언제쯤이나 맑은 호수처럼 고요해질까

인생

인생은 짧아서
잠시 쉬었다 떠나가는
낙엽 같은데

빈손으로 왔다
빈손으로 가는
인생이란 그런 것이지만

어찌하여 잠시라는
말속에 그다지도
사연이 많을까

애착과 집착 욕심을 버리고
훨훨 날아가는 저 새처럼
나, 자유롭게 날아 봤으면…….

운명 1

언제 다시 만날 기약도 없이
헤어져야만 했었지

지난날의 행복했던 순간 들
가슴에 고이 묻은 채
코스모스 피어있는 들길에
그대 그림자만 바라보며 홀로 서 있었지

낙엽이 우수수 떨어지는 가을밤
그대를 기다리며 멍하니 지는 노을 바라보는
공허한 가슴에 가득한 눈물, 한숨

운명의 장난에 가슴 조이며
또 한 시절을 허무히 보내고 있네

운명 2

갑자기 달려와 쓸고 간 소낙비
먹구름 몰고 왔던 세찬 비바람이
행복해 웃음 짓던 진달래
마구 짓밟으며 가진 심술을 부린다

겁에 질려 움츠리며
끝까지 생을 지키려 찢긴 꽃잎은
온갖 힘 다해 몸부림친다

양어깨 짓누르는 심술궂은 소낙비
어이하리.
누구에게나 다가오는 운명인 것을

무엇으로 대처하랴
무엇으로 대처하랴

야속한 세월

즐거운 주말
교회로 가는 사람
가족과 외출하는 사람
이런 좋은 날 창밖을 내다보니
뚝뚝
겨울비 내리는 소리
하늘 눈물 떨어지는 소리
몸이 아픈 탓일까
나이 탓일까
어쩜…….
목적지는 다가오는데
못다 한 일 너무 많아 마음 쫓기는구나

사계절 사랑

연두색 이파리가 희망을 갖게 하는 봄이나
땀 흘린 뒤에 찾아드는
그늘의 편안한 휴식이 있는 여름
황홀한 단풍의 유혹에 잠자던 가슴 설레고
마냥 밖으로 달려가게 하는 가을
나뭇가지 위에 쌓인 눈꽃 핑계 대며 서로 껴안던

사계를 번갈아가며 나눴던
우리의 사랑 나눔이 몇 번이었던가
손으론 꼽고, 머리로 떠올려 봐도
거둬들일 수 없는 숱한 흔적들
어둡고 캄캄한 마음속에서
환~한 등불이 되어
길 밝혀주던 그 사랑
지금은 어디에서

감사하면 행복할 것이다

슬퍼하면 뭐하나
원망한들 뭐하랴
이미 지나간 것을

잃은 것 생각하면 뭐하나
어차피 찾지 못하는 것을
아깝다 생각하면 마음만 상하는 것을

현재에 있는 작은 것에 감사하며 만족하라
태양이 떠오르는 내일을 기다리며
편안히 잠자리에 들면 행복이 찾아 들 것이다

오늘도 감사 한 마음으로…….

이별

목화솜처럼
밤새 눈이 내렸었지
설경 속 춤추며
행복해 하던 우리

시샘하는 봄바람에
눈 녹듯 행복도 사라지고
이별의 순간도
조심스레 다가왔다

아쉬움 남기고
말없이 떠나야 하는
뒷모습이 왠지 눈송이를 닮아
사랑은 흔적마저 지워지고 없다

임이 그리워

사랑하는 임이시여
간절히 보고 싶습니다.

다시 만날 그날이 언제인가
바쁜 걸음 재촉하며 다가가고 있습니다
포근히 감싸주던 따뜻한 손길 애타게 그립습니다
임 없는 텅 빈 곳에 홀로 떨고 있습니다

그대 모습 그리다 내미는 손
마다하지 마십시오!
잘못도 용서해 주시며
흐르는 눈물 닦아 주던 임이시여
다시 만날 그날을 애타게 기다리고 있겠습니다.

그리움

고요한 밤
귀에 익은 발소리
귀 기울이며 따라 갔었지
뚜벅뚜벅 행여 돌아보려나,

무심한 저 발소리의 주인
귓전을 울린 채
어둠 속으로 사라져 갔네

밤하늘 올려다보니
별빛 속에 잠들어 있는 그대
반가움에 달려 가려하나
현실이란 유리창이 나를 가로막네.

고사목

철 따라 아름다움을
과시 하던 나의 버팀목
지금은 어찌하여
눈 속에 파묻혀 있나

슬픔마저 외면한 채
지난 추억에 잠겨
영원히 잠들었네

그처럼 곱고
그처럼 아름다웠던 모습도
쓰러져 잠든 모습은
앙상하고 볼품없는 초라함이네

5부 그리고 봄

울다 지치면

수없이 스치는 아픔 어이할 수 없어

엄마 계신 먼 세상을 생각하며

나도 따라가고 싶었다

그럴 때마다 시와 함께 울고 웃으며

빈 가슴 가득한 눈물을 밀어내었다.

시와 글이 있기에

틈만 있으면 외로움 찾아와
내 가슴에 자리 잡는다

울다 지치면
수없이 스치는 아픔 어이할 수 없어
엄마 계신 먼 세상을 생각하며
나도 따라가고 싶었다
그럴 때마다 시와 함께 울고 웃으며
빈 가슴 가득한 눈물을 밀어내었다.

지금 내 곁엔 미움도 원망도 아닌
글이 있고 시가 있음에
읽고, 쓰고, 사랑하며 눈물 따윈 사랑하지 않으련다.

무너졌던 평화의 집
시가 온 마당 가득한 예쁜 집을 지어
누가 보아도 행복한 꽃을 피우리라

사랑하는 손녀

작은 씨앗이 큰 나무 되듯
사랑하는 손녀
너 어느새 이렇게 자라
축복받는 자리에 서있구나
눈부시게 아름다운 네 모습
이 할미는 꿈만 같구나

모래알처럼 많은 사람 중에
선택한 단 한 사람
영원한 동반자와 함께
저 멀고 높은 꽃동산을 향해 행진하는
오늘 같이 좋은 날을 할미가 축복한다

기쁨도 어려움도 서로 나누며
두 손 꼭 잡고 예쁜 열매 만들어
누구도 넘겨보지 못하는
행복의 보금자리 만들어 가기를
할미가 두 손 모아 기도하리라

사랑하는 나의 손녀

영원히 사랑받고 사랑하는

행복의 행진이기를 거듭거듭 바라노라

상처 난 씨앗

부끄러운 상처를 안고
땅속에 숨어 있던 너

소리 없이 내리는 빗방울에
마른 목을 적시며
봄 햇살에 고개를 살며시 들어 본다

청잣빛 하늘 새털구름 뭉게구름
치맛자락 날리며 자유로이 춤추는 모습에
자신도 모르게 두 팔 벌리며 세상 속으로 간다

너 비록 상처 난 못난이라도
어둠속 탈출한 아름답고 향기로운 꽃이 되어
모두에게 기쁨 나누며 행복해 할 것이다

교체

간만의 외식에 행복한 표정들

썩은 이빨 하나
무슨 미련 남아서 입안에 가두어 놓고
고통을 참다 참다 결국 교체 카드를 썼더니
고통스럽던 식사 시간이
즐거운 식사 시간으로 변화되었다

가슴 깊이 묻어놓은 상처도 교체를 한다면
삶이 즐거울 텐데
무슨 보물인 양 꼭꼭 숨겨놓고
홀로 아파하고 괴로워했다

이제, 앓던 이빨 교체하듯
상처담은 그릇 모두 비워 버리고
사랑과 용서, 감사와 봉사로 가득 채워야겠다
새롭게 다가오는 시간들로
내 삶이 행복으로 바뀌길 바라면서

울지 않으렵니다

이 나이에도
혼자 소리 내어 울고 싶을 때가 있습니다
멍하니 허공을 바라보며
가슴 부여잡고 혼자 울고 싶을 때가 있습니다

어둠이 찾아드는 가로등 불빛 아래서
우두커니 홀로 서있는 그림자 속으로
스며드는 그대의 향기

다시 만날 수 있다면
한밤을 꼬박 새워
두 손 꼭 잡고 반겨 주리다

꽃잎은 떨어지면서도 울지 않는 것처럼
이젠 혼자 울지 않으렵니다
기쁨의 해후가 있는 그날이 올 때까지

탁구공

모두 나를 보면 손안에 넣고 마음대로 휘두른다

작다는 이유로 기분이 좋아도 기분이 나빠도
잘못 없는 나를 마구 후려치며 쾌감을 느낀다

작고 힘없는 나 반항도 못 한 채
억울함을 꿀꺽꿀꺽 삼키지만 슬퍼하지 않으련다

내 고통과 희생으로 모두가 즐겁다면,
기쁨의 씨앗이 될 수 있다면
나는 언제나 빙그르르 웃는 탁구공으로 남아있을 것이다

이른 새벽 행복한 시간

생활채조 시간 맞춰 바쁜 걸음 재촉하며
운동 장소 들어서면

깍깍 소리 내어 반겨주는 까치 소리
더울세라 시원한 그늘 지어주는
빽빽이 서있는 소나무 사이사이 작은 나무들

밤새 내린 빗방울
은구슬 꾀어 놓은 듯 조롱조롱
옆집 아가씨 빨간 옷 입고
자태를 자랑하는 듯한
아름다운 연산옥 모두가 반겨준다

오늘도 변함없이 시간 맞춰 건강을 위해
운동하러 오시는 아파트 어머니들
활기찬 구령에 맞춰 모든 근심 다 토해내고
하루의 첫걸음 행복한 얼굴로 출발한다

만남

만나자는 약속
설레는 가슴

소복소복 눈 쌓인
소나무 숲으로 난 사잇길
그 임과 손 마주 잡고 걷노라면
따스한 체온으로 인해
쌓인 눈 황홀하게 녹아내리겠지

사랑의 체온으로 녹아내리는
흘러가는 물은 사랑으로 넘실거리며
바위틈을 찾고

소중한 시간들 지나
행복의 꽃으로 피어 있을
우리들의 만남, 그 약속

사라진 구름

살갗을 에듯
달려드는 칼바람이
몸과 마음을
돌돌 묶어놓았다

사랑의 위력으로
꽁꽁 얼어있는 가슴을 녹여볼까

복지관을 찾아
사람 속으로 걸어가 사랑을 배우니
어두운 가슴 속
먹구름 한 점
사랑의 불길에 녹아 사라지고 없다

첫눈 내린 새벽

낙엽이 떨어지는 가을밤
서글퍼지는 마음에 잠자리마저
이리저리 뒤척뒤척
창밖을 내다보니 가로등 불빛 희미하게 보인다

비 같기도 눈 같기도 해 자세히 바라보니
와—
눈이 온다, 첫눈이 온다!
반가운 겨울 손님이 온다!

캄캄했던 어둠 속에서 들려오는 소리
고개 쑥 내밀고 밖을 내다보니
젊은 남녀 한 쌍이 눈을 맞으며
손을 마주잡고 호호, 하하
웃음소리 내 가슴에 스며든다

나도 사랑하는 사람과
쏟아지는 눈을 밟으며 걷고 싶은 마음
거리에 뛰어 나가고 싶다
에이고 내 나이 칠십인 걸
마음은 아직도 소녀인가 봐!

나그네 가는 길

외로움 보따리 짊어지고
떠나는 나그넷길
터벅터벅
무거운 발걸음 멈추고
한번쯤 돌아볼 수 있었으면 좋겠다

삶의 길목 어디에선가 마음 통하는 길동무 만나
추억이라도 곱씹으면 외롭지 않으련만
숨 쉬는 추억들만 애달픈
약속한 시간들 속에 발소리는 하나 뿐

선지자는 말했지
삶의 풍요로움을 얻으려거든
잠시 쉬어가는 여유를 가지라고

자신이 외롭다 생각하지 말자
희망을 꿈꾸며 천천히 가노라면
늦은 듯 하지만 아직 이른
행복한 삶의 지름길이 보일 것이다

동화 · 동시

"오늘따라 우리손녀가 왜 이렇게 보고 싶을까?

밥은 잘 먹는지? 아프지는 않는지? 키는 얼마나 컸을까?

에이, 전화라도 해주면 좋으련만"

할머니는 손녀가 보고 싶어 혼자말로 중얼거리며 손녀 사진을 보다가 그만 눈물이 주르륵 흘러 주름진 할머니의 얼굴을 적셔 버렸어요.

동화

할머니와 손녀

탑골이란 마을에 할머니와 손녀가 살고 있었어요.

그러던 어느 날 사랑하는 손녀가 저 멀리 이사를 가는 날이었어요. 할머니는 얼마나 서운한지 이삿짐 차가 보이지 않을 때까지 손을 흔들고 멍하니 바라보시며 주름진 얼굴에 눈물이 흘러 내렸어요.

"민영아 잘 가거라. 가더라도 자주 놀러 오고 전화도 해 주렴" 목 메인 소리로 할머니가 말 했어요.

민영이는 알아듣지 못한 채 차는 훌쩍 떠나 버렸어요.

민영이가 이사 가고 얼마가 지났어요.

비가 주룩 주룩 내리던 어느 날 창밖을 바라보던 할머니는 갑자기 손녀 얼굴이 떠올랐어요.

"오늘따라 우리 손녀가 왜 이렇게 보고 싶을까! 밥은 잘 먹는지 아프지는 않는지 키는 얼마나 컸을까? 에이, 전화라도 해주면 좋으련만"

할머니는 손녀가 보고 싶어 혼잣말로 중얼거리며 손녀 사진을 보다가 그만 눈물이 주르륵 흘러 주름진 할머니의 얼굴을 적셔 버렸어요.

전화를 기다리다 못 해 할머니는 전화를 하셨어요.

"따르릉~따르릉~"

"여보세요 네, 민영이 집입니다. 누굴 찾으세요"

"민영이구나! 탑골에 사는 할미다"

"할머니 저 민영이에요 안녕하셨어요"

"그럼, 그럼. 할미는 잘 있구말구. 너도 잘있었구"

"네 할머니"

손녀의 목소리를 듣자마자 할머니는 목이 메었어요.

"민영아. 할미에게 전화 좀 해 주었더라면 좋으련만"

"할머니 정말 죄송해요. 그런데 요즘 제가 바빠요. 숙제도 해야 하고 이것저것 공부도 해야 하고, 하지만 며칠 전에 전화 드렸잖아요."

"에구머니 그렇구나! 저런 이를 어쩌누 하루가 열흘 같다는 속담처럼 며칠이 한 달이 된 줄 알고 민영이에게 큰 실수를 했구나. 우리 손녀 보고 싶은 생각만하다 보니 애고~ 이젠 이 할미도 늙었나 보다"

"할머니 아니에요 이제부터라도 자주 찾아뵙고 전화도 자주해 드릴게요. 정말 죄송해요.

할머니 다친 다리는 어떠세요? 건강 조심하시구요."

"오냐, 오냐, 고맙구나, 우리 손녀."

할머니와 손녀는 멀리 떨어져 살고 있지만 서로를 사랑하는 마음으로 행복하게 살고 있었어요.

동화

좋은 생각주머니 나쁜 생각주머니

영민이의 머릿속에는 하얀 생각 주머니와 까만 생각주머니 두 개가 있었어요.

하나는 영민이가 좋은 생각을 할 때마다 하얀 생각 주머니에 하얀 솜사탕이 한 움큼 한 움큼 채워지고 또 하나는 나쁜 생각 할 때마다 까만 생각 주머니에 까만 돌이 한 개씩 한 개씩 들어가고 있었어요.

어느 날 영민이는 옆에 있던 수진이 필통에 있는 예쁜 지우개를 보는 순간 '내가 수진이 몰래 지우개를 가져와야지' 하고 생각했어요.

그때 수진이가 화장실에 간 사이 영민이는 재빨리 지우개를 가져왔어요. 그러자 까만 생각 주머니에 까만 돌이 또 하나 들어가고 있었어요. 영민이는 친구들과 장난을 치며 떠들고, 선생님 말씀도 듣지 않았어요. 그때 화장실에 갔다 온 수진이가 지우개를 찾고 있었어요.

"영민아! 내 지우개 못 봤니"

"아~ 아니 못 봤는데."

영민이는 거짓 대답을 했어요.

그러자 갑자기 영민이는 가슴이 두근거리며 머리도 막 아프기 시작했어요.

“영민아 지우개 좀 빌려 줄래” 수진이가 말했어요.

“사, 사 사실은 네 지우개가 너무 예뻐서 내가 너의 지우개를 몰래 가져왔어. 자, 여기 있어 미안해 수진아, 다시는 그러지 않을게. 용서해줘”

영민이는 사실을 말하며 지우개를 돌려주었어요.

그러자 무겁던 까만 돌이 하얀 솜사탕으로 변하여 하얀 생각 주머니에 들어갔어요.

그러고 나니 영민이의 두근거리던 가슴도 편안해졌고 무겁고 아파했던 머리도 이젠 아주 가벼워 졌어요.

“영민아 내 지우개가 갖고 싶으면 너 가져도 좋아”

“정말 고마워 수진아. 어 어 이상하다 왜 이렇게 기분이 좋을까 이제부터는 나쁜 생각은 절대로 하지 않고 좋은 생각 좋은 일만 해야지”

그 후, 영민이는 착한 어린이가 되어 수진이와 사이좋은 친구가 되었어요.

동화

공원에 살고 있는 쥐똥나무

쥐똥나무는 대나무 소나무 친구들과 오순도순 살고 있었어요.

그러던 어느 날 심술궂은 비바람이 쥐똥나무를 마구 흔들며 뿌리조차 뽑으려고 했어요.

"해님 해님 저 좀 도와주세요." 하고 큰소리로 외쳤어요.

구름 속에 있던 해님은 얼른 달려와

"네 이놈 심술궂은 비바람아 썩 물러가지 못할까!"
하고 큰소리를 치자 비바람은 도망을 갔어요.

"해님. 저를 도와주셔서 정말 고마워요"

그런데 쥐똥나무는 온몸에 상처투성이며 허리도 구부러졌어요. 친구들은 못난이라고 놀려대며 수군거렸어요.

그때 마침 요정이 지나다 이 모습을 보고 말했어요.

"아이 가여워라 쥐똥나무야, 이제부터 내가 너를 돌봐주마"

그날부터 요정은 예쁜 초록색 옷도 입혀주시고 머리도 예쁘게 다듬어 주시며 꽃동산도 만들어 주셨어요.

못난이라고 놀려대던 친구들도 이젠 쥐똥나무가 예뻐졌대요.

"쥐똥나무야 미안해 이제부터 우리 사이좋게 놀자"

"응. 고마워 친구야"

허리가 구부러진 쥐똥나무 등 위에는 새들도 날아와 앉아서 노래도 부르고 꽃동산에는 나비도 벌도 놀러 왔어요.

쥐똥나무는 여러 친구들과 행복하게 살았답니다.

"요정님 고마워요~~~"

동시

하얀 눈

소복소복 하얀 눈
파란 솔 머리 위에
하얀 모자 쓰고 있네

봄 햇님 나타나자
하나 둘 모자벗고
인사를 한다

동시

먹구름

1. 장난꾸러기 먹구름

장난꾸러기 먹구름이
활짝 웃고 있는 꽃잎에게
물을 줄까 물어봤더니

"싫어, 싫어"
싫다고 찌푸린 얼굴에
장난꾸러기 먹구름이 물을 쏟아 내렸어

꽃잎이 엉엉 울고 말았지

한참 울다 지친 꽃잎은
힘 없이 땅위에 쓰러져
잠이 들었네

2. 착한 먹구름

햇볕 쨍쨍한 여름날
시든 잎사귀가
타는 목마름으로 애타게 하늘을 본다

어디선가 나타난 먹구름
잎사귀에 물어봤지
"물줄까?"
"좋아, 좋아"

먹구름은 시원하게 물을 뿌려 주었어
이파리는 고맙다고 손을 흔들었지
살랑살랑 바람과 춤을 추면서

동시

꽃밭

꽃밭에는 예쁘고 아름다운 꽃 친구들이 모여 오순도순 사이좋게 살고 있어요.

파랑이. 노랑이. 빨강이. 초록이.

(남자) 파랑이 넌 어쩌면 그렇게 예쁘고 시원한 옷을 입었니?

너를 보면 답답했던 내 마음이 시원해지는 것 같단다.

(여자) 고마워, 노랑아

하지만 너의 노랑 옷이 내 옷보다 더 예쁘잖아

내 마음이 추울 땐 너를 보면 마음이 따뜻해지는 것 같아

파랑이가 말했어요.

(남자) 정말? 고마워 파랑아

파랑이. 노랑이는 서로 사랑하는 마음으로 칭찬을 하였어요.

그때 저쪽에 있던 초록이가 말했어요.

(여자) 너희들도 예쁘고 아름답지만 빨강이도 좋은 일을 하고 있어
모든 사람들에게 밝고 젊어지는 생각을 갖도록 해 주고 있잖아
초록이가 말했어요.

(남자) 아니야 나보다 넌 더 큰일을 하고 있어.
사람들에게 눈이 좋아 질 수 있도록 도와주고 있잖아
꽃들은 서로 칭찬을 했어요.

(어른소리) 아! 그래서 모든 사람들은 너희들을 좋아 하는 구나.
꽃 아리들의 말을 듣고 옆에 서 이썬 커다란 쥐똥나무가 말했어요.

*** 우리들은 어떤 생각 어떤 모습을 하고 있을까?
다른 사람 칭찬하기, 색깔 표현 배우기 ***

동시

봄비

내리네 내리네
봄비가 내리네

보슬보슬 꽃밭에
봄비가 내리네

물을 먹고 기분 좋아
방글방글 웃고 있는
노랑 꽃 빨강 꽃

호랑나비 춤을 추다
꽃잎 속에 숨어있네
나보기 부끄럽나봐

산문방

자녀들은 변화된 환경을 헤쳐 가며
어머니가 열심히 사는 모습 보면서 안도하고, 기뻐하며
"어머니 고맙습니다." 라고 한다.
그런 자식들 응원에 힘입어
당당하게 앞으로도 새로운 것에 도전하며 정진할 것이다.

나눔의 삶

외로움을 친구 삼는 독거노인들, 자리에서 일어나 행복 찾아 갑시다. 어디로? 기장 복지관으로…….

본인은 시내에서(40년간) 부유한 생활을 했었다.

예기치 못한 불행이 닥치자 모든 것 정리하고 해운대로 이사 갔다. 몸과 마음이 너무 아파 극단적인 생각까지 하게 되었다. 지난날 사회봉사(나병환자촌, 행려병자, 소년소녀 가장 돕기, 그 외)를 삶의 기쁨으로 활동하며 후일 나이가 많으면 돈으로 기부하며 활동하려는 꿈이 무너지자 삶에 의욕이 없었다. 하지만 마음 가다듬고 생각하니 착하고 효성스런 자녀들이 떠오른다.

다시 새 출발하자 돈이 없으면 재능기부라도 하면서 자녀들에게 씩씩한 어머니의 모습을 보여주자 결심했다.

해운대 동백 중학교 운동장에서 새벽 6시~7시까지 어머니들 건강을 위해 요가 및 생활체조 운동지도 봉사를 했다. 조건 없는 봉사란 기쁨이자 행복이다.

오래 되지 않은 짧은 기간이지만 어머니들이 많은 사랑 주신 것은 삶의 활력소가 되었다.

이후 기장군 임대 아파트에 이사 오게 되었다.

2010년 3월 4일 입주 4월 4일 관리실 허락하에 아파트 내 배드민턴 장소에서 만 6년을 하루도 빠짐없이 열심히 아파트 주부들에게 요가 및 생활체조 운동을 지도봉사 했다.

부유한 생활이었던 본인은 임대아파트의 삶에 적응이 잘 되지 않아 매일 슬픈 생활의 연속이었다. 그런 환경 속에서도 새벽운동을 매일 어김없이 육성으로 구령붙이며 최선을 다해 지도 봉사했다.

세월이 가면 갈수록 어머니들의 만남의 기쁨 사랑이 돈독해지며 어머니들의 따뜻한 사랑이 나의 외로움과 슬픔을 기쁨으로 채우기 시작했다 봉사의 기쁨은 행복의 지름길이다.

하지만 때로 홀로 있노라면 슬픔이 동반되어 지난 과거가 떠오르면 심한 좌절로 가슴앓이와 신경성위장병, 우울증이 시작되려고 했다.

그럴 때마다 자녀들을 생각하게 됐다. 내가 건강하고 씩씩한 모습을 보여줘야 내 아이들도 걱정이 없을 것 같기에 다시 용기를 내어야 했다.

배움의 길로 도전하기 시작했다. 매일 식전운동 지도하고 9시면 시내로 출발 이것저것 쉴 새 없이 배우게 되었다. (자격증, 시낭송 등 이것저것 30장 이상) 이렇듯 바쁜 생활이다 보니 우울증이 달아났다.

그러던 중 기장 보건소 독거노인 돌보기 방문간호사 성경미 선생님을 만나게 되었다.

낯선 곳에 속마음 털어놓지 못하여 외로워 못 견디게 힘들 땐 방문 오셔서 따뜻한 사랑으로 마음을 어루 만져주시고 많은 대화를 나누고 들어주셨다. 크나큰 마음의 선물과 입가에 미소 잃지 않는 친절한 선생님의 덕분으로 외로움을 더는 데 큰 도움이 되었다.

그분이 저의 재능이 아깝다 하시기에 봉사할 곳이 있으면요, 했더니 경로당 두 곳을 소개 해주셨다.

경로당 할머니들 건강을 위해 요가 봉사를 가노라면 반갑게 맞이해 주시며 운동 끝나면 이것저것 야채 등 여기저기서 주시며 "선생님 수고 하셨어요."라며 사랑이 담긴 오고가는 정 얼마나 감사한지 이렇듯 작은 봉사가 큰 기쁨을 안겨준다.

어느 날 총무님 소개로 기장복지관을 찾게 되었다. 거기서 탁구, 기타, 가곡 합창단 동아리 활동을 하며 매일 복지관 차를 이용하여 직장 가듯 매일 어김없이 9시면 나간다.

탁구 치고 나면 에너지가 충족되어 건강에 큰 도움이 된다.

기타는 아직 서툴지만 복지관에 1달에 한 번씩 생신잔치에 기타반이 축하공연 참여하며 가끔은 양로원에도 봉사하러 간다. 열심히 연습하여 기타 재능기부도 해보리라 생각 한다.

동화구연(10년) 어린이집에 수업하러 가는 날 피곤해 쉬고 싶을 때도 있다. 하지만 어린이집 들어서자마자 천사 같은 눈방울 고사리 같은 손으로 '동화선생님'하며 한 아이가 달려와 치맛자락 매달리면 너도나도 달려들어 서로 안아 달라고 아우성이다 그러면 모두 안아준다.

피로했던 마음과 몸이 어느새 활기가 넘치고 즐거운 마음으로 수업이 시작된다. 동화 이야기도, 손 유희도, 하모니카 연주와 동요를 부르며 함께 즐거운 시간이다.

이렇듯 바쁜 생활을 하다 보니 어느 듯 6년이란 세월이 흘렀다. 2년을 울고 살았지만 이제는 현 지금 주어진 생활에 감사하며 최선을 다해 다가오는 나날들을 재능기부하며 살 것이다. 어차피 빈손으로 가는 것을 마음을 비우니 이렇듯 행복하고 감사한 것을, 많은 재산 물거품이 된 것에 집착하여 어리석은 생각에 나를 얼마나 괴롭혔나, 이제부터라도 즐겁게 행복한 생각만 하며 살아가리라 마음을 다진다.

자녀들은 변화된 환경을 헤쳐 가며 어머니가 열심히 사는 모습 보면서 안도하고, 기뻐하며 "어머니 고맙습니다."라고 한다. 그런 자식들 응원에 힘입어 당당하게 앞으로도 새로운 것에 도전하며 정진할 것이다.

외로움을 친구 삼는 독거노인들, 이제라도 자리에서 일어나십시오. 기장 복지관 다양한 프로그램 중 취미에 맞는 것 선택하셔서 즐기십시오. 아니면 자신이 원하는 무엇이든 사는 날까지 최선을 다해 도전하십시오.

꼭 행복해 질 것입니다.

100세 시대 지금도 늦지 않습니다.

2016년 7월 (부산 실버영상 출품원고) 우수상

동화구연을 통해 얻은 행복감

어린이집 동화구연 가는 날.

이것저것 어린이들이 좋아할 소품 준비물(호랑이, 색종이 접기, 종이반지, 시계, 스티커) 등등, 여러 가지를 챙겨서 가벼운 발걸음으로 어린이집에 문을 열고 들어서자

'동화 선생님'하며 모두 가슴팍에 안겨 비비고 매달리고 볼에 뽀뽀하고 반겨주는 귀여운 아이들, 내 손녀 손자 같이 모두 함께 어울려 동화구연 수업이 시작 된다.

호랑이 소품을 보여주면 반짝반짝 빛나는 눈동자,

"어흥!"

호랑이 소리를 내면 눈을 감고 무서워하면서도 이빨 빠진 할머니 소리를 내면 금방 깔깔깔 호호호 재미있어하며 하모니카로 동요를 들려주면, 손 유회도 곧 잘 따라한다.

동화를 들려주고 질문을 하면 고사리 같은 손으로

"저요." 하고 하나가 손들면 모두가 덩달아

"저요, 저요" 손을 든다.

얼마나 귀엽고 예쁜지 모두 내 손자 손녀 같다.

이렇듯 맑고 거짓 없이 순수한 마음을 가진 아이들이 자라면서 오염투성이가 되는 것이 '어디에, 누가, 온갖 오염을 시키는가?'하는 생각에 잠시 마음을 멈추게 한다.

우리 모두가 자라나는 새싹들에게 때 묻지 않도록 보살펴주고 사랑도 해주어 잘 자랄 수 있도록 최선을 다해 지켜주어야 한다.

시간 가는 줄 모르고 벌써 마칠 시간이 되어 인사를 하고 나니 선생님이 스승의 날이라고 선물을 주시기에

"선생님 고맙습니다." 라고 했더니

"선물은 나경(5살) 어린이 엄마가 주신 겁니다." 라고 답변하신다.

"네 그러세요."

선물 위에는 조그마한 예쁜 편지가 있어 읽어보니

"요즘 나경이에게 동화를 읽어주면 엄마는 동물 소리, 아빠 소리, 할머니 소리로 동화 선생님처럼 못 한다고 해요. 동화 샘 땜시 어린 나경이에게 구박을 받는답니다. 동화에 푹 빠지도록 즐겁게 해 주신 동화 샘 감사합니다."
라고 편지와 함께 선물을 받고 나니 활동에 보람과 행복함을 새삼 느껴본다.

건강이 허락되는 한 어린이를 위해 동화구연, 효, 예절. 모두 최선을 다하여 자라나는 어린이들에게 도움이 되었으면 한다.

나의 며느리 사랑하는 홍지현(아네스)에게

지난해는 여러 사정상 정신적으로 힘들었지?

예린이 아빠와 예린이 공부 등등.

말없이 혼자 고생했어 고생한 만큼 좋은 결과도 있을 거야.

겨울 동안 움츠렸던 앙상한 가지에도 봄이면 파릇파릇 새싹이 돋아나고 꽃망울도 함께 기쁨을 맛보듯이 다가오는 날 아네스에게도 좋은 일이 더 많을 거야.

첫째, 온가족이 건강하면 감사하고 또 감사해야 해. 그다음, 원하는 것 하나하나 채우면서 헤쳐 나가면 좋겠지.

내 경험에 의하면 한평생 몇만 년 살 것처럼 허둥지둥 쉬지 않고 남편, 자식, 오직 가정만 생각하며 뛰고 또 뛰었더니 어느덧 종점까지 왔어.

나 자신 보살핌 없이 살아온 지난날 돌이켜보니 때로는 후회, 고통, 고독과 슬픔들이 좌절을 부추겼지만, 모든 것 참아가며 오직 어머니라는 한 길만 걸어왔더구나.

한때는 주변 사람들이 나를 부러워할 만큼 행복한 생활

이었건만 많은 재산 물거품처럼 사라지고 지금의 내 생활, 나의 모습이 너무 초라해서 지난날 나의 꿈과 희망이 산산조각 나고 죽고 싶을 정도로 슬퍼했지. 죽는 것보다는 사는 것이 자식을 위하는 것이라 생각되 이것저것 열심히 배우는 순간 외로움과 슬픔을 이겨냈지.

그러나 외로움은 어쩔 수 없나봐. 재능봉사도 하고 노력했지만 밤이면 단잠 이루지 못해 몸부림치며 아침엔 비몽사몽 쓰러질 듯한 몸으로 일어나기도 했단다.

그래도 동화구연 하러 유치원에 가면 어린이들 반짝이는 눈망울, 고사리 같은 손으로 '동화 선생님!' 하며 달려들 때면 정신이 번쩍 난단다.

수업 마치고 나면 에너지 충족되어 집에 오면 다시 새로운 기분으로 하루를 이어가곤 하지.

그럴 때마다 생각나는 게 있어, 인간의 삶은 좌절하지만 않으면 꽉 막힌 곳이라도 돌파구는 있구나 라고.

나의 사랑하는 아네스.

네게 힘든 날이 찾아와도 넓고 넓은 마음으로 참고 기다리면 좋은 날이 반드시 있을 거야.

서로 다른 하늘을 보며 잠들더라도 우리 다 같이 힘내자.

가정의 행복을 위해 마음 모아 기도하자 안녕.

- 20015년 설날

재능기부

- 기장 복지관 기타 반에서 -

연말 반석양로원 기타지도 선생님(백문성) 이하 7명 재능기부 활동가는 날이다. 부 강사 윤 선생님 차에 기타 싣고 출발. 차에서 흘러나오는 음악을 들으며 즐거운 마음으로 차를 달린다. 회원 13명 중 사정상 불참 7명 여자는 나 혼자이다.

'실버들이 기타 배우는 것이 쉬운 것은 아니다.' 라고 생각한다. 역시 힘들다. 그래도 참고 견디며 열심히 수업한 결과 서툴지만 오늘 같은 봉사하러 가는 날의 기분을 만끽하며 에너지를 충족시킨다.

차 안에서 음악 감상하며 사담도 하다 보니 어느새 목적지에 이르렀다. 양로원에 각자 기타를 메고 들어서자 반겨주는 직원들 다른 팀원 가수들도 왔다. 모두 점심 식사하고 오후 1시 30분에 공연 시작. 환자들이 의자에 앉아계신다.

이곳은 중풍 환자, 치매 환자들이라 한다. 의자에 앉은 분, 휠체어 타고 있는 분, 그분들을 보는 순간 나는 가슴이 묘해진다.

아, 어쩌나!

'저분들도 한때는 젊음이 있었고 가정을 위해 열심히 사신 분들이었을 텐데'하는 안타까운 마음에 그분들의 두 손을 잡아 주었다. 나도 모르게 내 눈가에는 눈물이 글썽인다. 드디어 준비가 되어 기타공연 시작이다.

할머니는 내손을 꼭 잡고 놓지 않으려 한다.

사랑과 정이 그립고 사람이 그리워하는 그분들의 모습을 볼 때 머지않아 내 모습을 보는 듯.

잠시 착잡해진 마음 가다듬고 그날이 언제이든 주어진 오늘에 감사하며 최선을 다하리라 생각하며 할머니 잡은 손 떼어놓고 무대로 가기 전 잠시 묵상해본다.

저 외롭고 소외된 분들을 위해 부족한 나의 기타 실력에 사랑을 가득 담아 최선을 다하리라. 드디어 기타연주가 시작 된다. 선생님이 맨 앞 중앙에 앉으라한다.

여자가 한 사람이기에 마이크도 내 앞에 놓고 노래도 함께 불러주라 하신다.

선배님들은 멜로디도 잘하시고 기타 실력이 매우 좋다.

비록 기타 실력이 부족하지만 어르신들을 위해 열심히 하리라는 마음은 그 누구 못지않은 생각으로 신나게 시작 된다.

몇 곡이나 기타를 퉁기며 흘러간 노래 부르고 '내 나이가 어때서'도 불렀다.

끝으로 기장 복지관 교가 역마차로 끝났다.

모두 박수로 환호해 주었다.

연주를 마치고, 이어 가수들의 노래가 시작되자 관객석에서 일어나 나오시는 분들 불편한 몸으로 흥겹게 춤을 추기 시작한다. 우리 기타팀원들은 옆 의자에 앉아 손뼉 치며 공감하며 구경했다.

중풍환자 한 분이 춤추자고 한손으로 나를 끌어당긴다.

난 거부할 수 없어 일어났다.

그 분은 춤 실력이 보통이 아닌 것 같다.

난 남자들과 춤을 출 수 있는 실력이 아니지만 그분을 위해 손을 잡아주었다.

어찌나 빠른 속도로 뱅뱅 돌리는지 나는 어지러워 그만 의자에 철석 주저앉았다.

어지러워 정신 못 차리는 나를 보고 중풍환자는 비뚤어진 입가에 흘러나오는 웃음이 그칠 줄 모르게 기뻐하시는 모습에 나는 감사할 뿐이다. 나로 인해 저분의 마음이 조금이나마 기뻐하는 데 도움이 되었다는 것에 다시 나의 마음에 다짐해본다. 앞으로 때와 장소 가리지 않고 재능기부(시낭송, 요가, 기타, 하모니카, 동화구연 등등)를 하리라 다짐하며 하루하루 남은 시간들 소중히 생각하며 최선 다하며 살 것이다.

내 나이 76살 활동하기 너무 아쉬운 나이이다.

하지만 꿈이 있기에 슬픔도 기쁨으로 행복을 가질 수 있다는 것. 80이 되면 가족연주 재능기부를 생각하며(딸 전공 풀룻, 손녀 전공 풀룻, 경희대 손녀 취미 기타, 할머니 기타) 내 나이 아쉬움 많지만 시작이 반이란 속담을 생각하며 '오 안나 오늘도 잘 살아가고 있다'고 자위한다.

지난날의 부유했던 생활이 가정환경 변화로 현, 임대 아파트 전세 2천 미만 월세에 이사와 죽고 싶을 정도로 힘겨워 우울증에 빠져 지내던 지난날의 막막함과, 옛 화려했던 삶의 그리움으로 자신을 잃고, 나의 계획이 물거품 되자 하루하루 밝은 빛이 사라져 점점 어둠의 깊은 구렁에 빠져 허우적일 때.

보잘 것 없지만 재능기부를 할 수 있음에 기쁨을 갖게 되어 다시 새 출발을 하는 힘을 얻었고 건강하게 재능기부를 할 수 있다는 것에 고마워하며 그것이 행복이라 여기며 살아갈 것이다.

작은 봉사가 큰 기쁨을

월 매주 실버예술단원 소속으로, 전철역이나 양로 병원에 하모니카 들려주기 봉사를 한다.

12월 16일, 얼마나 추운지 감기도 완쾌되지 않아 봉사하러 가기 싫었다.

거리를 오가는 사람들은 코트 깃을 세우고 움츠린 모습으로 바쁜 걸음 재촉하며 제 갈길 걷고 있다.

벌벌 떨리는 몸, 오그라진 손, 그래도 모두들 열심히 봉사하는 마음들이 참으로 아름답다.

지나가는 행인 발걸음 멈추고 박수 소리 듣는 순간 비록 몸은 춥지만 마음만은 훈훈한 느낌으로 온몸을 녹일 수 있었다.

송년이라 회원들은 지갑에 지폐 한 장씩 불우이웃돕기 상자에 넣고 하모니카 소리 들려준다.

칠십 넘은 실버들이지만 오늘은 젊은이들 못지않게 아름다웠다. 이렇듯 건강이 허락되는 한 봉사를 게을리 하지 않고 봉사하시겠다는 마음 모두 감사할 따름이다.

조그마한 봉사로 큰 기쁨을 얻을 수 있다는 것, 다시 한

번 실감케 한다.

누군가 이런 말을 했다.

“베풂은 내 자신이 행복하기 위해서.” 라고

그 말뜻을 알 것 같다.

갖는 즐거움보다 나누는 즐거움으로 내 삶이 행복해지기 때문이다.

체력이 뒷받침 되고 나눌 수 있는 여력이 주어지면 좋겠다.

나와 이웃의 행복을 위해서 이 한 몸 불사를 수 있는 건강이 주어지길 기도해 본다.

마술 배우는 날. 앗! 나의 실수

"효" 사관학교에서 마술 배우는 날 이라 하여 박채주 선생님 따라 갔다가 마술소품 두 가지 주문해 놓은 것 배우러 가게 되었다.

10시 수업이라 교통관계로 오전 8시 30분 출발하여 사무실에 오니 아무도 오지 않아 제일 먼 곳에 사는 내가 혼자 기다리고 있으니 한명 두명 모여 10시 30분에 마술수업이 시작 되었다.

실버들이 모여 배우는 것이다.

수업이 시작되어 차례차례 연습을 한다.

"얄리깔라 얍" 열심히 연습하는 모습 구경하는 모든 이들 함께 깔깔 웃으며 나이도 잊은 채 아이들처럼 행복한 할머니들 입가에 미소가 떠나지 않는다.

이렇게 마술 연습이 끝나고 각자가 헤어졌다.

추운 날씨에 일찍 오려니 아침식사가 변변치 않았는지 배가 고파서 김밥가게에 들려 김밥, 어묵을 먹었다.

따끈한 어묵 국물이 어느 비싼 음식보다도 더 맛 좋아 마시고 먹고 했더니 몸과 마음이 훈훈해진다. 옆에 앉은 애기 엄마가 하는 말이 "할머니는 이 추운날씨에 어디 갔다 오시나요? 쇼핑하러 나오셨어요?" 에구머니나 오랜만에 들어보는 할머니란 말에 누굴 보고 그러는지 주위를 두리번거려 살펴보니 학생들뿐이다.

분명 나에게 묻는다는 것을 알게 되자 "예" 마술을 배우고 오는 것이라 하니 "그러세요?" 놀란 표정으로 "할머니가 마술 배워 어디 쓰시려구요?"

"아! 내가 동화 구연 할 때 어린이들에게 보여 주려고요" 했더니 "정말요?" 또 놀란 표정으로 쳐다본다.

"이렇게 연세 드셨는데 동화 구연 하신다구요? 어디서요?" "응 난 초등학교에도 했고 지금은 유치원, 어린이집 이렇게 7년째 하고 있어요."

"그렇습니까?" "아니 그런데, 왜 애기엄마는 계속 할머니라고 하우? 난 겉은 늙어도 마음 많은 이팔청춘이 라우." 웃으면서 말하니, 애기엄마 왈, "아유 미안합니다."

"괜찮아요 웃자고 한 소리요, 할머니면 어떻고 아줌마면 어떠우, 처음 보는 사람이니 그럴 수도 있지"

난 혼자 마음속으로 "당신은 그렇게 불러도 나는 아이들이 좋아하는 동화 구연 선생님이고 할머니들의 건강 관리 하는 요가 강사인걸!" 하고 자부심을 가져본다.

나이 탓인 자격지심!

"일주일에 2일은 동화 구연, 2일은 노인정 요가 강사, 1일 은노래와 탁구 하는 날, 주말은 가정의 날, 아파트에서 매일 새벽 유산소운동 지도를 하고 12월부터 3월까지 방학, 이렇게 바쁜 생활을 하다 보니 몸이 아플 여유가 없다" 라고 하며 "그러다보니 때론 내 나이를 착각 하며 살 때가 있다우" 했더니, 아이를 안고 있던 젊은이 왈, "저의 친정어머니는 올해 68세인데 우울증 불면증이 심하여 늘 병원에만 다니시고 관절도 너무 심하게 아프시고 늘 슬퍼하세요, 젊어서 고생만 하시고 이젠 형편도 좋아졌고 별 걱정이 없어서 편히 쉬실 때인데 건강이 안 좋으신 친정엄마를 보면 너무 속상해요" 하면서 눈물을 글썽이며 말한다.

"저희 어머니보다 연세가 더 많으신 것 같은데 이렇게 건강하시게 활동하신다고 하니 정말 보기 좋습니다." 라고 말한다.

그 젊은 애기엄마에 말을 듣고 나니 내 자녀 생각이 난다.

얼마 전 아버지 사업실패로 인하여 가정변화가 있을 때 우리 자식들이 얼마나 힘들었을까!

동안 늘 울고 있는 엄마의 모습을 보고도 한 번도 짜증내지 않았고 매일 빠짐없이 안부전화가 온다.

이런 효자 자식을 위해서라도 내가 열심히 살자! 다시 한 번 다짐 해본다.

나이가 들수록 건강 챙기고, 잘 지내는 것이 자식을 도와주는 것이라 새삼 다짐해 본다.

이젠 열심히 활동하며 바쁘게 사는 엄마의 모습을 보고 안심이 되는지 자녀들도 엄마를 격려 해준다.

나는 앞으로 더더욱 열심히 건강관리 하며 봉사하리라 생각하며 남을 위하는 것이 바로 나 자신을 위하는 것이란 걸 깨닫는다.

어묵과 김밥을 먹고 가게에서 젊은이와 함께 밖을 나와서 전철 타는 방향이 같기에 출구로 나오고 보니 어쩌나, 어묵 국물을 많이 먹고 따뜻한 물도 한 컵 마셔서인지, 날씨가 너무 추워서인지, 갑자기 소변이 하고 싶고, 도저히 집에까지 참을 수가 없을 것 같았다.

"젊은 애기엄마, 혼자 먼저 가구려, 난 볼일이 있어 다음 차로 갈 테니" 이렇게 짧은 만남이지만 아쉬워하며 헤어지는 인사를 하고나니 "어머니 연락처 있으시면 알려 주시겠어요? 저의 친정어머니도 혹시나" 하면서… 선뜻 명함을 주었더니 명함을 받아 들고 보다가 나를 한번 또 처다 본다.

난 볼일이 바빠서 라고 빠이빠이 손 흔들며 출구를 다시 나와 화장실을 찾아보니 저 끝에 보여서 다리야 나 살려라 하고 뛰어서 화장실에 들어가려하니 장애인 화장실이라서 어머나 놀라서 얼른 옆 화장실로 들어가니 마침 아무도 없어 다행이구나! 하고 화장실 문을 열자마자 속성으로 볼일을 보고 문도 채 잠그지 않고 옷을 추켜 입고는 "아휴 살았다, 큰일 날 뻔 했네," 하고 손을 씻으려고 나오니 이럴 수가… 앞에 키가 큰 남자가 서있지 뭡니까, 난 깜짝 놀라 여기 왠 남자가 서있을까 하고, 어리둥절 바라보니, 그 남자는 "어머나" 하는 내 소리에 뒤로 얼굴을 돌아보며 여전히 서있는 모습이 서서 소변을 하고 있는 것이다. 그제야 소스라치게 놀라 뛰어나오려니 남자 한분이 들어오다 나하고 딱 부딪쳐 넘어질듯 휘청했다.

부딪친 어깨가 아픈 줄도 모르고 "어머머머" 미안하다는 말할 경황도 없이 얼른 나와 보니 들어 갈 때 남자모자 모양을 여자모자 모양으로 착각한 것인데 급한 마음에 이런 큰 실수를 한 것이다.

화장실 들어갈 때는 볼일이 급하여 뛰어 들어가고, 나올 때는 부딪친 남자가 따라 나오는 것 같아서 민망한 마음에 뛰고 또 뛰어 출구의 엘리베이터에 들어가 작동을 하려하니 "잠깐만요" 하는 남자소리가 들렸지만 그 남자면 어쩌나 싶어 못 들은 척하고 닫기 버튼을 눌렀다.

미안한 마음도 모르는 채 문이 닫히려는 전철을 얼른 타고 경로석에 혼자 넓게 앉아 안도의 호흡을 했다.

순간 준비성 부족한 행동한 것이, 이렇듯 낭패 연속으로 인하여 짧은 시간에 얼마나 초초하고 불안했던가!

전철이 떠나니 편안한 마음으로 창밖을 보며 부끄럽고 창피하여 불안했던 마음, 바람과 함께 날려 보내리라고 생각하니 한결 마음이 가벼워진다.

짧은 시간이었지만 불안한 마음 때문에, 등에 촉촉이 땀이 났다.

하지만 지나간 시간은 추억 속에 한 페이지로 남아있을 생각을 하며 입가에 미소를 지어본다. 이제부터 좋은 생각하자, 이렇게 배운 마술을 어린이들과 할머니들에게 보여드려야지 라고 생각하니 혼자 마음이 즐겁기만 하다.

오후 3시 복지관 노인정 할머니들에게 요가 건강관리 봉사하러 갔다.

들어서자마자 누워 계시던 할머니들 모두 일어 나셔서 반겨 주시며 "요가 선생님! 지난번 오시지 않아 오늘도 안 오시려나?"하고 기다렸다고 한다.

기다렸다는 말에 기분이 좋아 "정말요?" 했더니 "그럼요" 하기에 "제가 지난번 백내장 수술 관계로 치료하러가느라 전화도 못 드려 죄송합니다." 하니 "아닙니다. 그런 줄도 모르고 궁금 해서요, 혹시나 하고... 이 추운 날씨에 이렇게 오신 것도 고맙습니다." 하면서 "두 손 꼭 잡고 따뜻한데서 앉아 몸 녹이시고 천천히 운동합시다." 말을 건네니 "네 고맙습니다."하며 서로 인사하며 할머니들 드리려고 사 온 붕어빵을 내놓았다.

"따뜻할 때 하나씩 잡수세요," 했더니 "아니 선생님을 우리가 대접을 해야 하는데, 거꾸로 되었네? 호호 정말 고맙습니다."라고 한다.

이렇듯 조그마한 것도 사랑을 나누면 추운 겨울에도 마음은 따뜻한 봄날과 같다.

붕어빵을 먹으면서 오전 화장실 실수 사건 이야기를 하니, 모두 웃으며 "선생님도 그런 실수를 하남요?" 하며 여기저기서 할머니들이 지난 날 각자 실수한 이야기를 꺼내며 호호 하하 한바탕 웃음바다가 되어 행복한 시간이 되었다.

사람이 살면서 완벽한 것도 중요 하지만 때론 허점도 기쁨을 가져 올수도 있다는 걸 생각해본다.

돈과 명예가 있다 해서 다 행복한 것은 아니다.

명예는 한 순간에 사라질 수도……

욕심을 버리고 작은 것에도 감사 할 줄 알면 행복 할 수 있다는 것 이렇게 즐거운 시간을 보내고 운동을 시작한다.

참고로 65세 이상이 되면 적당히 걷고 스트레칭 해주는 것이 좋다.

또한 경직된 근육을 풀어 주고 두드려 주는 근력 강화운동도 좋다.

이렇게 운동하면서 박자대신 학교종이 땡땡땡 노래하며 온몸을 두드려 동심으로 돌아가 좌 뇌 운동으로 치매예방을 하며, 소리 내어 많이 웃고 가슴을 두드리는 것도 스트레스 해소방법의 하나이다.

끝날 땐 명상하며 머리서 발끝까지 부정적인 모든 생각 다비우고 텅 빈 온몸에 긍정적인 좋은 생각들로 가득 채운다.

이렇게 모두 1시간 운동 수업을 즐겁게 마치고 난후, 하모니카로 흘러간 노래를 들려드리면 노래도 따라 부른다. 오늘 배운 마술도 보여주었다.

모두 박수 ……

하고나면 내 나이가 절반으로 줄어드는 듯해서 행복함을 다시 느끼게 되며, 나이는 숫자에 불과하다는 말을 실감하게 된다.

남은 소중한 시간을 어린이들을 위한 동화 구연과 할머니들을 위한 요가에 힘을 쏟아 최선을 다해 봉사 할 것이라고 다짐하면서 새해 계사년을 맞이한다.

우리 모두 사랑 나누며 행복한 이웃이 되었으면 좋겠다.

오란자
고목에 피는 꽃

인쇄일: 2019년 7월 20일
발행일: 2019년 7월 26일

지은이: 오란자
펴낸이: 최경식
펴낸곳: 도서출판 청옥문학사
인쇄처: 세종문화사

등록번호 제10-11-05호
E-mail: sik620@hanmail.net
전화: 051-517-6068

값 10,000원

ISBN 978-89-97805-85-3 03810

이 도서의 국립중앙도서관 출판예정도서목록(cip)은 서지정보유통지원시스템 홈페이지(http://seoji.nl.go.kr)와 국가자료공동목록시스템(http://www.nl.go.kr/kolisnet)에서 이용하실 수 있습니다.(cip2019028042)

* 이번 작품은 창작하는 데는 한국예술인복지재단이 창작 준비금 지원을 통해서 도움을 주셨습니다.